고려대 재미있는 한국어

쓰기 writing

고려대학교 한국어센터 편

中文版

KU PRESS
고려대학교출판문화원

고려대학교 한국어센터는 1986년 설립된 이래 한국어와 한국 문화를 재미있게 배우고 효과적으로 가르치는 방법을 연구해 왔습니다. 《고려대 한국어》와 《고려대 재미있는 한국어》는 한국어센터에서 내놓는 세 번째 교재로 그동안 쌓아 온 연구 및 교수 학습의 성과를 바탕으로 하고 있습니다.

이 책의 가장 큰 특징은 한국어를 처음 접하는 학습자도 쉽게 배워서 바로 사용할 수 있도록 구성했다는 점입니다. 한국어 환경에서 자주 쓰이는 항목을 최우선하여 선정하고 이 항목을 학습자가 교실 밖에서 사용할 수 있도록 연습 기회를 충분히 그리고 다양하게 제공하고 있습니다.

이 책을 내기까지 많은 분들의 도움을 받았습니다. 먼저 지금까지 고려대학교 한국어센터에서 한국어를 공부한 학습자들께 감사드립니다. 쉽고 재미있는 한국어 교수 학습에 대한 학습자들의 다양한 요구가 없었다면 이 책은 나오지 못했을 것입니다. 그리고 한국어 학습자들의 요구에 부응하기 위해 열정적으로 교육과 연구에 헌신하고 계신 고려대학교 한국어센터의 선생님들께도 감사드립니다.

무엇보다 한국어 학습자와 한국어 교원의 요구 그리고 한국어 교수 학습 환경을 종합적으로 고려한 최상의 한국어 교재를 위해 밤낮으로 고민하고 집필에 매진하신 고려대학교 국어국문학과 김정숙 교수님을 비롯한 저자분들께 깊은 감사를 드립니다. 이 밖에도 이 책이 보다 멋진 모습을 갖출 수 있도록 도와주신 고려대학교 출판문화원의 윤인진 원장님과 직원 여러분께도 감사드립니다. 그리고 집필진과 출판문화원의 요구를 수용하여 이 교재에 맵시를 입히고 멋을 더해 주신 랭기지플러스의 편집 및 디자인 전문가, 삽화가의 노고에도 깊은 경의를 표합니다.

부디 이 책이 쉽고 재미있게 한국어를 배우고자 하는 한국어 학습자와 효과적으로 한국어를 가르치고자 하는 한국어 교원 모두에게 도움이 되기를 바랍니다. 또한 앞으로 한국어 교육의 내용과 방향을 선도하는 역할도 아울러 할 수 있게 되기를 희망합니다.

2019년 7월
국제어학원장 박성철

이 책의 특징

《고려대 한국어》와 《고려대 재미있는 한국어》는 '형태를 고려한 과제 중심 접근 방법'에 따라 개발된 교재입니다. 《고려대 한국어》는 언어 항목, 언어 기능, 문화 등이 통합된 교재이고, 《고려대 재미있는 한국어》는 말하기, 듣기, 읽기, 쓰기로 분리된 기능 교재입니다.

《고려대 한국어》 1A와 1B가 100시간 분량, 《고려대 재미있는 한국어》 말하기, 듣기, 읽기, 쓰기가 100시간 분량의 교육 내용을 담고 있습니다. 200시간의 정규 교육 과정에서는 여섯 권의 책을 모두 사용하고, 100시간 정도의 단기 교육 과정이나 해외 대학 등의 한국어 강의에서는 강의의 목적이나 학습자의 요구에 맞는 교재를 선택하여 사용할 수 있습니다.

《고려대 재미있는 한국어》의 특징

▶ **한국어를 처음 배우는 학습자도 쉽게 배울 수 있습니다.**
  • 한국어 표준 교육 과정에 맞춰 성취 수준을 낮췄습니다. 핵심 표현을 정확하고 유창하게 사용하는 것이 목표입니다.
  • 제시되는 언어 표현을 통제하여 과도한 입력의 부담 없이 주제와 의사소통 기능에 충실할 수 있습니다.
  • 알기 쉽게 제시하고 충분히 연습하는 단계를 마련하여 학습한 내용의 이해에 그치지 않고 바로 사용할 수 있습니다.

▶ **학습자의 동기를 이끄는 즐겁고 재미있는 교재입니다.**
  • 한국어 학습자가 가장 많이 접하고 흥미로워하는 주제와 의사소통 기능을 다룹니다.
  • 한국어 학습자의 특성과 요구를 반영하여 실제적인 자료를 제시하고 유의미한 과제 활동을 마련했습니다.
  • 한국인의 언어생활, 언어 사용 환경의 변화를 발 빠르게 반영했습니다.
  • 친근하고 생동감 있는 삽화와 입체적이고 감각적인 디자인으로 학습의 재미를 더합니다.

《고려대 재미있는 한국어 1》의 구성

▶ 말하기 20단원, 듣기 10단원, 읽기 10단원, 쓰기 12단원으로 구성하였으며 한 단원은 내용에 따라 1~4시간이 소요됩니다.

▶ 각 기능별 단원 구성은 아래와 같습니다.

말하기

도입	배워요 1~2	말해요 1~3	자기 평가
학습 목표 생각해 봐요	주제, 기능 수행에 필요한 어휘와 문법 제시 및 연습	• 형태적 연습/유의적 연습 • 의사소통 말하기 과제 • 역할극/짝 활동/게임 등	

듣기

들어 봐요	들어요 1	들어요 2~3	자기 평가	더 들어요
학습 목표 음운 구별	어휘나 표현에 집중한 부분 듣기	주제, 기능과 관련된 다양한 듣기		표현, 기능 등이 확장된 듣기

읽기

도입	읽어요 1	읽어요 2~3	자기 평가	더 읽어요
학습 목표 생각해 봐요	어휘나 표현에 집중한 부분 읽기	주제, 기능과 관련된 다양한 읽기		표현, 기능 등이 확장된 읽기

쓰기

도입	써요 1	써요 2	자기 평가
학습 목표	어휘나 표현에 집중한 문장 단위 쓰기	주제, 기능에 맞는 담화 차원의 쓰기	

▶ 교재의 앞부분에는 '이 책의 특징'을 배치했고, 교재의 뒷부분에는 '정답'과 '듣기 지문', '어휘 찾아보기', '문법 찾아보기'를 부록으로 넣었습니다.

▶ 모든 듣기는 MP3 파일 형태로 내려받아 들을 수 있습니다.

《고려대 재미있는 한국어 1》의 목표

일상생활에서의 간단한 의사소통을 할 수 있습니다. 인사, 일상생활, 물건 사기, 하루 일과, 음식 주문, 휴일 계획, 날씨 등에 대해 이야기할 수 있습니다. 일상생활을 표현하는 기본 어휘와 한국어의 기본 문장을 이해하고 사용할 수 있습니다.

《高丽大学韩国语》和《高丽大学有趣的韩国语》是遵循"任务聚焦并考虑形式的方法"而开发的教材。《高丽大学韩国语》是涵盖了语言项目、语言技能和文化的综合教材,《高丽大学有趣的韩国语》是听、说、读、写相区分的技能教材。

《高丽大学韩国语》1A和1B包含100小时的教育内容,《高丽大学有趣的韩国语》包含听、说、读、写在内的100小时教育内容。在200小时的常规课程体系中六本书全部使用,在100小时左右的短期教育课程或海外大学的韩国语课程中,可选择符合授课目的或学习者要求的教材使用。

《高丽大学有趣的韩国语》的特点

▶ **初学韩国语的学习者也可轻松学习。**
  · 配合韩国语标准教育课程,降低了难度水平。将准确,流畅地使用核心表达方式作为目标。
  · 通过控制所呈现的语言表达方式,减少过度灌输的负担,从而集中于主题和沟通技巧。
  · 以清晰易懂的方式呈现,并通过充分的练习,实现快速地学以致用。

▶ **激励学习者学习热情的,生动、有趣的教材。**
  · 涉及韩语学习者最熟悉和最感兴趣的主题及沟通技巧。
  · 反映韩国语学习者的特点和要求,提供实际资料,准备了有意义的课题活动。
  · 及时反映了韩国人的语言生活和韩语语言环境的变化。
  · 贴切生动的插画和富有立体感,品味出众的设计,增添了学习的乐趣。

《高丽大学有趣的韩国语1》的构成

▶ 本书由20个口语单元、10个听力单元、10个阅读单元和12个写作单元所构成，每个单元根据内容大约需学习1~4小时。

▶ 听说读写各单元的结构如下。

说一说	引入	学一学 1～2	口语 1～3	自我评价
	学习目标 想一想	展示主题以及履行功能所需的词汇和语法，并进行练习	· 形式练习、有意义的练习 · 口语交际任务 · 角色扮演/结对活动/做游戏等	

听一听	引入	听力 1	听力 2～3	自我评价	再听一听
	学习目标 分辨音韵	集中于词汇及表达方式部分的精听	与主题、技能相关的各类泛听		对表达方式和技能进行的扩展泛听

读一读	引入	阅读 1	阅读 2～3	自我评价	再读一读
	学习目标 想一想	集中于词汇及表达方式部分精读	与主题、技能相关的各类泛读		对表达方式和技能进行的扩展泛读

写一写	引入	写作 1	写作 2	自我评价
	学习目标	集中于词汇及表达方式的句子写作	与主题，技能相符的语篇写作	

▶ 教材的前面加入"本书的特点"、教材的后面则以附录形式收录了"正确答案"、"听力原文"、"词汇索引"和"语法索引"。

▶ 所有听力内容均可以MP3文件格式下载，供学习者进行听力练习。

《高丽大学有趣的韩国语1》的目标

能在日常生活中进行简单的沟通。能对打招呼、日常生活、买东西、每天日程、点菜、假期计划和天气等进行对话。能够理解并使用表达日常生活的基本词汇与韩语的基本句型。

이 책의 특징 本书的特点

단원 제목 单元的题目 ◄

학습 목표 学习目标 ◄

- 단원의 의사소통 목표입니다.
  本单元的交际目标。

써요 1 写一写 1 ◄

- 단원의 주제를 표현하거나 기능을 수행하는 데 필요한
  어휘 및 문법 표현에 초점을 둔 쓰기 연습 활동입니다.
  侧重于表达单元主题或练习技能时所需词汇和语法表
  达方式的写作练习活动。

- 짧은 문장 단위의 쓰기입니다.
  以短句为单位的写作练习。

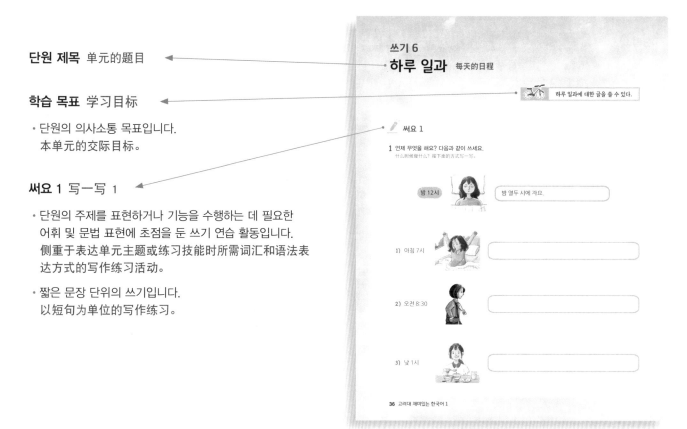

쓰기 종합 综合写作 ◄

- 담화의 형태적, 내용적 긴밀성에 초점을 둔 쓰기 과제
  활동입니다.
  侧重于形态与内容上严密性的语篇写作练习活动。

써요 1 写一写 1 ◄

- 문장과 문단의 구성 방식에 초점을 둔 쓰기 또는 의미와
  기능이 유사한 조사, 어미 등의 쓰임을 구별하기 위한 쓰
  기 연습 활동입니다.
  侧重于句子和段落构成方式的写作练习，或为了区分
  意义和功能上相类似的助词、词尾等用法而进行的写
  作练习活动。

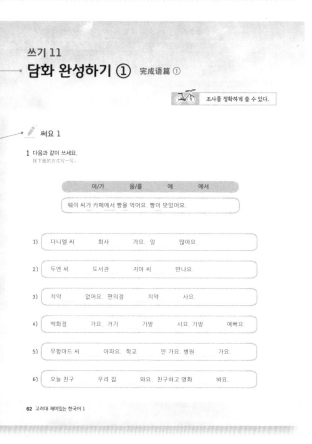

써요 2

● 다음 그림을 보고 일상생활을 소개하는 글을 쓰세요.
看下图。写一篇介绍日常生活的短文。

1 그림을 보고 다음에 대해 생각해 보세요.
看图并对以下内容进行思考。

1) 두엔 씨는 무엇을 해요?

2) 두엔 씨는 누구하고 해요?

2 생각한 것을 글로 쓰세요.
用文字写下思考的内容。

_____

_____

_____

_____

| 일상생활을 소개하는 글을 쓸 수 있어요? | |

써요 2 写一写 2

· 단원의 주제와 기능이 구현된 의사소통적 쓰기 과제 활동입니다.
体现单元主题和技能，具备沟通性质的写作练习活动。

· 담화 단위의 쓰기로 담화의 내용을 유도하는 단서를 이용해 쓰기를 합니다.
以语篇为单位的写作，利用引导语篇内容的线索进行写作。

자기 평가 自我评价

· 학습 목표의 달성 여부를 학습자가 스스로 점검합니다.
由学习者自我检查是否达到了学习目标。

---

3 다음 빈칸에 알맞은 표현을 쓰세요.
在下面的空白处填上合适的表达方式。

웨이 씨____ 공항____ 가요. 친구____ 오늘 한국____ 와요.

공항____ 커요. 사람____ 아주 많아요.

웨이 씨는 공항____ 친구____ 만나요.

친구하고 식당____ 가요. 거기____ 한국 음식____ 먹어요.

써요 2

● 다음 그림을 보고 다니엘 씨의 하루를 소개하는 글을 쓰세요.
看下图。写一篇介绍丹尼尔的一天的短文。

1 그림을 보고 다음에 대해 생각해 보세요.
看图并对以下内容进行思考。

1) 다니엘 씨는 오늘 어디에 갔어요?

써요 2 写一写 2

· 형태적, 내용적 긴밀성을 갖춘 담화의 산출을 목표로 하는 쓰기 과제 활동입니다.
以写出形态、内容均严密的语篇为目标而进行的写作练习活动。

쓰기
写一写

차례 目录

부록

쓰기 1
자기소개 自我介绍

 자기를 소개하는 글을 쓸 수 있다.

 써요 1

1 이름이 무엇이에요? 다음과 같이 쓰세요.
叫什么名字? 按下面的方式写一写。

김지아

| 저 | 는 | | 김 | 지 | 아 | 예 | 요 | . | | |

서하준

| 저 | 는 | | 서 | 하 | 준 | 이 | 에 | 요 | . | |

1) 카밀라

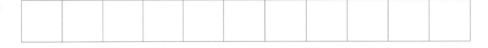

2) 왕웨이

3) 다니엘

2 어느 나라 사람이에요? 다음과 같이 쓰세요.

您是哪国人？按下面的方式写一写。

베트남

베	트	남		사	람	이	에	요	.

베	트	남	에	서		왔	어	요	.

1) 몽골

2) 이집트

3) 태국

4) 칠레

5) 프랑스

6) 인도

3 직업이 무엇이에요? 다음과 같이 쓰세요.

工作是什么？按下面的方式写一写。

저	는		학	생	이	에	요	.	

1)

2)

3)

4)

5)

6)

써요 2

● **다음 사람을 소개하는 글을 쓰세요.**
写一篇介绍下面这个人的短文。

- 패트릭 메이슨
- 캐나다
- 운동선수

1 표를 보고 다음에 대해 생각해 보세요.
看下表，对以下内容进行思考。

1) 이름이 무엇이에요?

2) 어느 나라 사람이에요?

3) 직업이 무엇이에요?

2 시작과 끝 인사는 어떻게 할까요?
开始和结束时如何打招呼？

3 생각한 것을 글로 쓰세요.
用文字写下思考的内容。

_____

_____

_____

_____

자기를 소개하는 글을 쓸 수 있어요?	☆ ☆ ☆ ☆ ☆

일상생활 | 日常生活 |

일상생활을 소개하는 글을 쓸 수 있다.

 써요 1

1 무엇이에요? 다음과 같이 쓰세요.
这是什么？ 按下面的方式写一写。

책	이	에	요	.			

1)

2)

3)

4)

5)

6)

2 무엇을 해요? 다음과 같이 쓰세요.
在做什么？按下面的方式写一写。

가다

| 가 | 요 | . | | |

먹다

| 먹 | 어 | 요 | . | |

1) 자다

2) 읽다

3) 보다

4) 마시다

5) 듣다

6) 살다

7) 운동하다

8) 전화하다

3 관계있는 것을 연결하고 다음과 같이 문장을 쓰세요.

将相关的东西连接起来，并按如下方式造句。

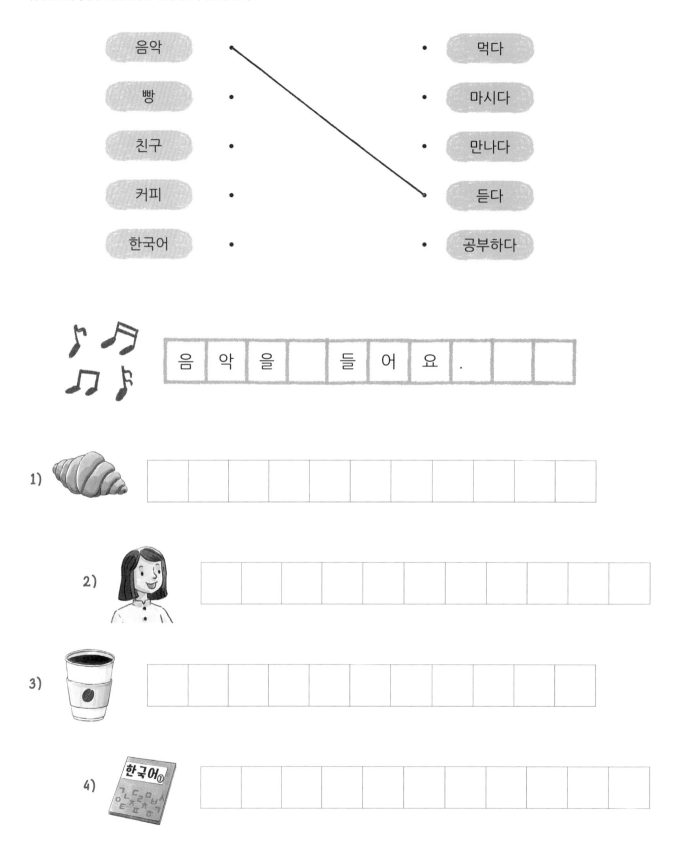

음악 · · 먹다

빵 · · 마시다

친구 · · 만나다

커피 · · 듣다

한국어 · · 공부하다

| 음 | 악 | 을 | | 들 | 어 | 요 | . | | |

1)

| | | | | | | | | | |

2)

| | | | | | | | | | |

3)

| | | | | | | | | | |

4)

| | | | | | | | | | |

써요 2

● 다음 그림을 보고 일상생활을 소개하는 글을 쓰세요.
看下图，写一篇介绍日常生活的短文。

1 그림을 보고 다음에 대해 생각해 보세요.
看图并对以下内容进行思考。

1) 두엔 씨는 무엇을 해요?

2) 두엔 씨는 누구하고 해요?

2 생각한 것을 글로 쓰세요.
用文字写下思考的内容。

_____

_____

_____

_____

일상생활을 소개하는 글을 쓸 수 있어요?	☆ ☆ ☆ ☆ ☆

쓰기 3
일상생활 II 日常生活 II

 일상생활에 대한 글을 쓸 수 있다.

✏️ **써요 1**

1 어때요? 다음과 같이 쓰세요.
怎么样? 按下面的方式写一写。

많다

| 많 | 아 | 요 | . | |

크다

| 커 | 요 | . | | |

1) 작다

| | | | | |

2) 좋다

| | | | | |

3) 있다

| | | | | |

4) 바쁘다

| | | | | |

5) 쉽다

| | | | | |

6) 예쁘다

| | | | | |

7) 재미없다

| | | | | |

8) 맛있다

| | | | | |

2 다음과 같이 질문과 대답을 쓰세요.

按下面的方式提问，并写下回答。

한국어 공부, 재미있다
YES

한국어 공부가 재미있어요?

네, 한국어 공부가 재미있어요.

한국어 공부, 재미있다
NO

한국어 공부가 재미있어요?

아니요, 한국어 공부가 재미없어요.

1) 학교, 좋다
YES

2) 교실, 크다
NO

3) 한국어, 어렵다
NO

4) 한국 친구, 있다
YES

3 그림을 보고 문장을 쓰세요.

看图写句子。

친구가 책을 읽어요.

친구

책이 많아요.

1) 친구

2) 마이클 씨

3) 친구

4) 미아 씨

5) 친구

6) 선생님

7) 지수 씨

8) 2,000,000

9)

10)

써요 2

● **다음 그림을 보고 일상생활에 대한 글을 쓰세요.**
看下图，写一篇关于日常生活的短文。

1 그림을 보고 다음에 대해 생각해 보세요.
看图并对以下内容进行思考。

1) 웨이 씨는 오늘 무엇을 해요?

2) '다니엘 씨', '빵', '커피'는 어때요?

2 생각한 것을 글로 쓰세요.
用文字写下思考的内容。

_____

_____

_____

_____

일상생활에 대한 글을 쓸 수 있어요?	☆ ☆ ☆ ☆ ☆

쓰기 4

장소 场所

장소에서 하는 일에 대한 글을 쓸 수 있다.

 써요 1

1 어디에 가요? 다음과 같이 쓰세요.
去哪里? 按下面的方式写一写。

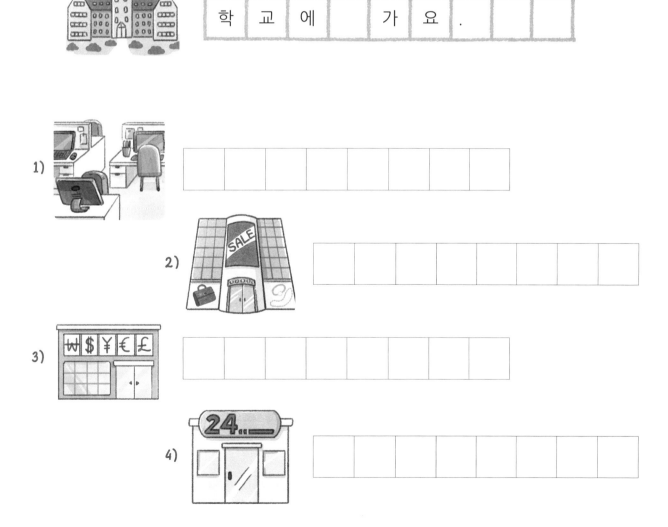

| 학 | 교 | 에 | | 가 | 요 | . | | |

1)

2)

3)

4)

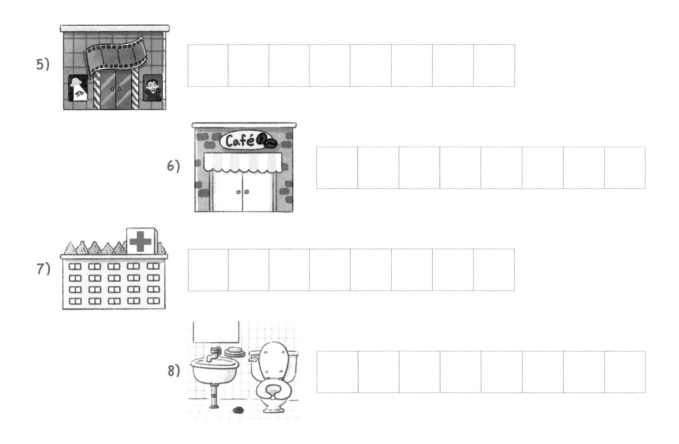

5)

6)

7)

8)

2 관계있는 것을 연결하고 다음과 같이 문장을 쓰세요.

将相关的东西连接起来，并按如下方式造句。

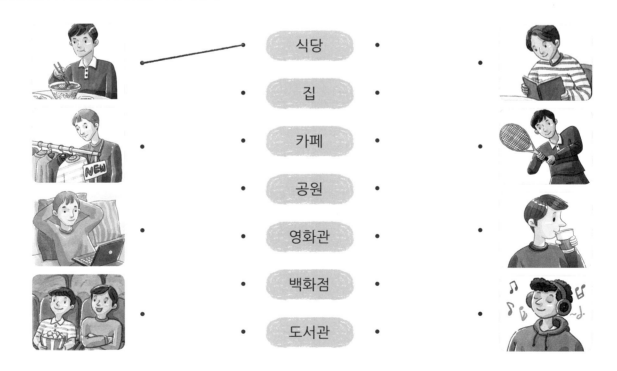

식당

집

카페

공원

영화관

백화점

도서관

| 식당 | 식당에서 밥을 먹어요. |

1) 집

2) 카페

3) 공원

4) 영화관

5) 백화점

6) 도서관

 써요 2

● 다음 그림을 보고 장소에 대한 글을 쓰세요.

看下图，写一篇关于场所的短文。

1 그림을 보고 다음에 대해 생각해 보세요.
看图并对以下内容进行思考。

1) 지아 씨는 오늘 어디에 가요?

2) 그곳에서 무엇을 해요? 어때요?

2 생각한 것을 글로 쓰세요.
用文字写下思考的内容。

장소에서 하는 일에 대한 글을 쓸 수 있어요? ☆ ☆ ☆ ☆ ☆ ☆

쓰기 5

물건 사기 买东西

 물건 사기에 대한 글을 쓸 수 있다.

 써요 1

1 무엇을 사요? 다음과 같이 쓰세요.
买什么？ 按下面的方式写一写。

라	면	을		사	요	.			

1)

2)

3)

4)

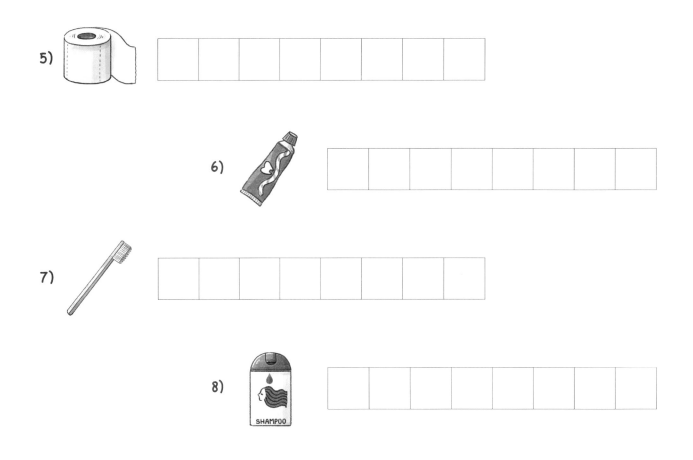

5) ☐ ☐ ☐ ☐ ☐ ☐ ☐

6) ☐ ☐ ☐ ☐ ☐ ☐ ☐

7) ☐ ☐ ☐ ☐ ☐ ☐ ☐

8) ☐ ☐ ☐ ☐ ☐ ☐ ☐

2 무엇이 몇 개 있어요? 다음과 같이 쓰세요.
有几个什么？按下面的方式写一写。

우유가 한 개 있어요.

1)

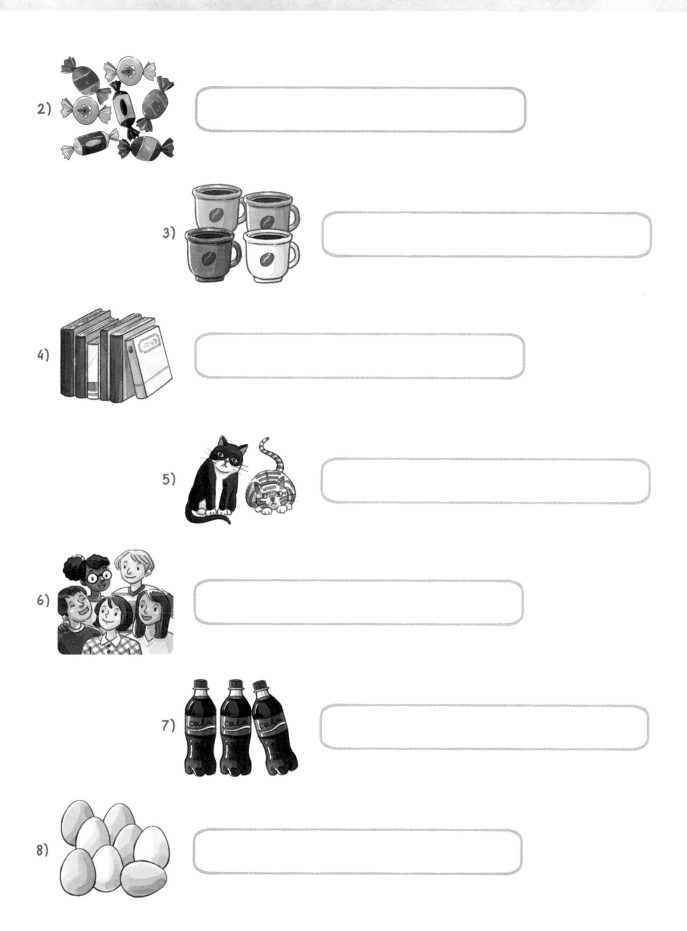

2)

3)

4)

5)

6)

7)

8)

 **써요 2**

● 다음 그림을 보고 물건 사기에 대한 글을 쓰세요.
看下图，写一篇关于买东西的短文。

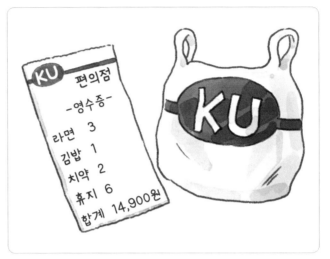

1 그림을 보고 다음에 대해 생각해 보세요.
看图并对以下内容进行思考。

1) 웨이 씨는 오늘 어디에 가요?

2) 웨이 씨는 그곳에서 무엇을 사요? 몇 개 사요? 얼마예요?

2 생각한 것을 글로 쓰세요.
用文字写下思考的内容。

_____

_____

_____

_____

물건 사기에 대한 글을 쓸 수 있어요?	☆ ☆ ☆ ☆ ☆

쓰기 6

하루 일과 每天的日程

하루 일과에 대한 글을 쓸 수 있다.

 써요 1

1 언제 무엇을 해요? 다음과 같이 쓰세요.
什么时候做什么？ 按下面的方式写一写。

밤 12시

밤 열두 시에 자요.

1) 아침 7시

2) 오전 8:30

3) 낮 1시

4) 오후 5시

5) 저녁

6) 아침, 공원

2 다음과 같이 쓰세요.
按下列方式写出来。

| 오전, 학교, 가다 | 오전에 학교에 안 가요. |

1) 지금, 커피, 마시다

2) 도서관, 책, 읽다

3) 5시, 수업, 끝나다

4) 6시, 퇴근하다

5) 저 사람, 직업, 알다

6) 초콜릿, 좋아하다

✏️ 써요 2

● 다음 그림을 보고 빌궁 씨의 하루 일과를 쓰세요.
看下图，写一篇关于必勒格每天日程的短文。

1 다음에 대해 생각해 보세요.
　　对以下内容进行思考。

　　1) 빌궁 씨는 직업이 무엇이에요?

　　2) 빌궁 씨의 하루 일과는 어때요?

2 생각한 것을 글로 쓰세요.
　　用文字写下思考的内容。

_____

_____

_____

_____

_____

하루 일과에 대한 글을 쓸 수 있어요?	☆ ☆ ☆ ☆ ☆

쓰기 7
한국 생활 韓国生活

 한국 생활에 대한 글을 쓸 수 있다.

 써요 1

1 다음과 같이 쓰세요.
按下面的方式写一写。

지난주, 친구 집, 놀다   지난주에 친구 집에서 놀았어요.

1)   지난달, 한국, 오다

2)   내일, 친구, 백화점, 가다

3)   지난주, 많이, 바쁘다

4)   그저께, 도서관, 책, 읽다

5)   어제, 집, 음악, 듣다

6)   이틀 후, 부모님, 만나다

7)   지난달, 일, 많다

8)   모레, 영화관, 영화, 보다

9)   어제, 수업, 너무, 어렵다

10) 작년, 한국 생활, 조금, 힘들다

2 다음과 같이 쓰세요.

按下面的方式写一写。

> 그저께, 친구, 영화, 보다 **+** 쇼핑하다
>
> 그저께 친구하고 영화를 보고 쇼핑했어요.

1) 토요일, 친구, 만나다 **+** 일요일, 집, 쉬다

2) 보통, 오전, 학교, 한국어, 공부하다 **+** 오후, 회사, 일하다

3) 어제, 공원, 운동하다 **+** 친구, 밥, 먹다

4) 그저께, 카페, 커피, 마시다 **+** 도서관, 책, 읽다

5) 한국 생활, 재미있다 **+** 좋다

6) 한국어 공부, 너무, 어렵다 **+** 한국 생활, 조금, 힘들다

7) 학교, 크다 **+** 예쁘다

8) 그 식당, 비싸다 **+** 맛없다

써요 2

● 다음 그림을 보고 카밀라 씨의 한국 생활을 글로 쓰세요.
看下图，写一篇关于卡米拉的韩国生活的短文。

1 다음에 대해 생각해 보세요.

対以下内容进行思考。

1) 카밀라 씨는 언제 한국에 왔어요?

2) 카밀라 씨는 한국에서 무엇을 했어요?

3) 카밀라 씨는 한국 생활이 어때요?

2 생각한 것을 글로 쓰세요.

用文字写下思考的内容。

_____

_____

_____

_____

_____

_____

| 한국 생활에 대한 글을 쓸 수 있어요? | ☆ ☆ ☆ ☆ ☆ |

쓰기 8

음식 食物

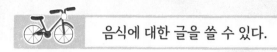

음식에 대한 글을 쓸 수 있다.

 써요 1

1 무엇을 먹을래요? 다음과 같이 쓰세요.
想吃什么？按下面的方式写一写。

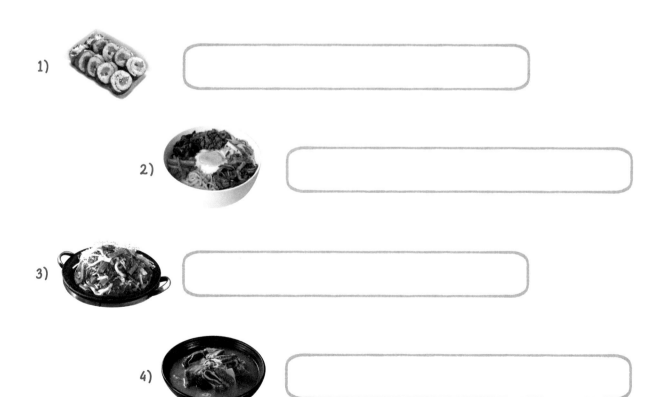

치킨을 먹을래요.

1)

2)

3)

4)

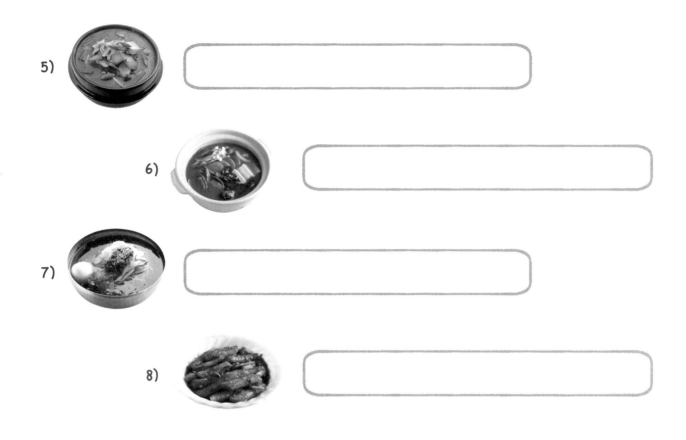

5)

6)

7)

8)

2 맛이 어때요? 다음과 같이 쓰세요.
味道怎么样? 按下面的方式写一写。

짜요.

1)

2)

3)

4)

5)

3 관계있는 것을 연결하고 다음과 같이 문장을 쓰세요.

将相关的东西连接起来，并按如下方式造句。

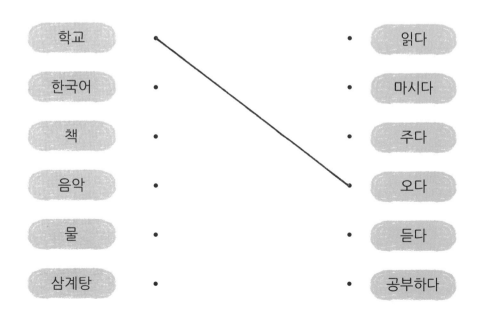

학교	읽다
한국어	마시다
책	주다
음악	오다
물	듣다
삼계탕	공부하다

학교에 오세요.

1)

2)

3)

4)

5)

✏️ 써요 2

● **여러분이 먹는 음식에 대한 글을 쓰세요.**
写一篇关于你所吃的食物的短文。

1 **다음 질문을 읽고 대답을 메모하세요.**
读以下问题，记下回答的内容。

1) 보통 아침에 무엇을 먹어요? 어디에서 먹어요?

2) 점심은 보통 어디에서 무슨 음식을 먹어요? 어때요?

3) 저녁에는 누구하고 어디에서 밥을 먹어요? 어때요?

4) 여러분은 한국 음식을 잘 먹어요? 안 먹어요? 왜요?

5) 어제는 무엇을 먹었어요? 어땠어요?

2 위의 대답에서 무엇을 쓰고 싶어요? 그리고 어떤 순서로 쓰고 싶어요? 생각해 보세요.

在上面的回答中想写什么内容？想按照什么顺序写？请想一想。

3 생각한 것을 글로 쓰세요.

写一篇关于你所吃的食物的短文。

_____

_____

_____

_____

_____

_____

| 음식에 대한 글을 쓸 수 있어요? | ☆ ☆ ☆ ☆ ☆ |

쓰기 9
휴일 假期

 휴일에 대한 글을 쓸 수 있다.

 써요 1

1 휴일이 언제예요? 달력을 보고 다음과 같이 쓰세요.
休息日是什么时候？看日历，按照下面的方式写一篇短文。

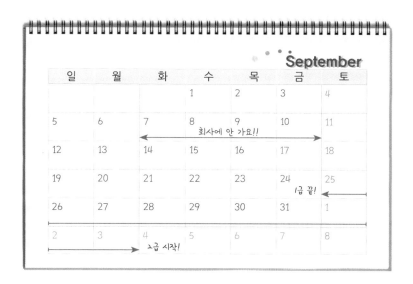

| 휴일 | 휴일이 17일이에요. |

1) 연휴

2) 휴가

3) 방학

2 주말에 무엇을 할 거예요? 다음과 같이 쓰세요.

周末打算做什么？ 按下面的方式写一写。

주말에 청소할 거예요.

1)

2)

3)

4)

5)

6)

7)

8)

3 무엇을 하고 싶어요? 하고 싶은 것을 연결하고 다음과 같이 문장을 쓰세요.
你想做什么? 将想做的事情连接起来，按下面的方式造句。

오늘	집, 쉬다
이번 주말	서울, 구경하다
다음 주말	여행, 가다
휴일	고향, 가다
연휴	고향 음식, 먹다
방학	친구, 만나다

이번 주말	이번 주말에 서울을 구경하고 싶어요.

1) 오늘

2) 다음 주말

3) 휴일

4) 연휴

5) 방학

✎ 써요 2

● **여러분의 휴일 계획을 글로 쓰세요.**
写一篇关于你的休息日计划的短文。

1 다음 질문을 읽고 대답을 메모하세요.
读以下问题，记下回答的内容。

1) 여러분은 월요일부터 금요일까지 보통 무엇을 해요? 어때요?

2) 다음 휴일은 언제예요?

3) 휴일에 무엇을 하고 싶어요?

2 다음 표에 여러분의 휴일 계획을 메모하세요.
다음 表格中记下你的休息日计划。

언제	
오전	
오후	

3 계획표를 보고 여러분의 휴일 계획을 쓰세요.

看计划表，写下你的休息日计划。

_____

_____

_____

_____

_____

_____

휴일에 대한 글을 쓸 수 있어요?	☆ ☆ ☆ ☆ ☆

쓰기 10
날씨와 계절 天气和季节

 날씨와 계절에 대한 글을 쓸 수 있다.

 써요 1

1 날씨가 어때요? 다음과 같이 쓰세요.
天气怎么样? 按下面的方式写一写。

> 지금 비가 오고 더워요.

1)

> 오늘

2)

> 어제

3)

> 작년 겨울에

2 무엇을 못 했어요? 다음과 같이 쓰세요.

没做成什么事? 按下面的方式写一写。

학교에 못 갔어요.

1)

2)

3)

4)

5)

6)

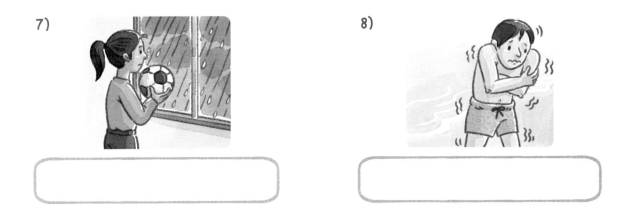

7)
8)

3 어느 계절을 좋아해요? 연결하고 다음과 같이 문장을 쓰세요.

你喜欢哪个季节？连线并按照下面的方式造句。

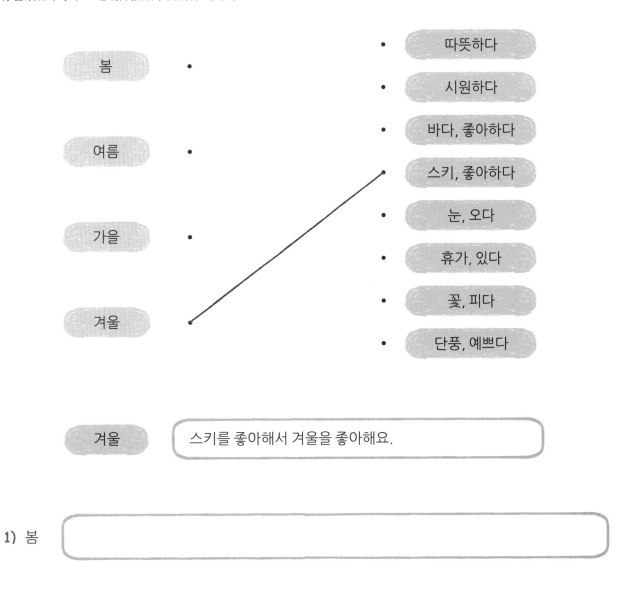

봄 •

여름 •

가을 •

겨울 •

• 따뜻하다
• 시원하다
• 바다, 좋아하다
• 스키, 좋아하다
• 눈, 오다
• 휴가, 있다
• 꽃, 피다
• 단풍, 예쁘다

겨울 | 스키를 좋아해서 겨울을 좋아해요.

1) 봄

2) 봄 [ ]

3) 여름 [ ]

4) 여름 [ ]

5) 가을 [ ]

6) 가을 [ ]

7) 겨울 [ ]

✏️ 써요 2

● **다음을 보고 이 사람의 고향 날씨를 글로 쓰세요.**
看以下内容，写一篇关于这个人的家乡天气的短文。

어느 계절이에요?	언제예요?	어때요?
봄	3월~4월	• 따뜻하다 • 꽃이 피다 • 바람이 아주 많이 불다
여름	5월~9월	• 맑고 아주 덥다 → 사람들이 집에 있다 • 비가 안 오다
가을	10월~11월	• 낮: 따뜻하다, 아침과 저녁: 시원하다 • 사람들이 밖에서 놀다
겨울	12월~2월	• 조금 춥다 • 비가 조금 오다

1 위의 메모를 보고 생각해 보세요.

看上面记下的内容进行思考。

1) 이곳의 날씨는 어때요?

这个地方的天气怎么样?

2) 이 메모 중에서 어느 계절을 쓰고 싶어요?

你想在记录中详细介绍哪个季节?

2 생각한 것을 글로 쓰세요.

用文字写下思考的内容。

| 날씨와 계절에 대한 글을 쓸 수 있어요? | ☆ ☆ ☆ ☆ ☆ |

쓰기 11
담화 완성하기 ① 完成语篇 ①

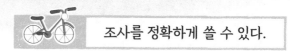

조사를 정확하게 쓸 수 있다.

 써요 1

1 다음과 같이 쓰세요.
按下面的方式写一写。

이/가	을/를	에	에서

웨이 씨가 카페에서 빵을 먹어요. 빵이 맛있어요.

1) 다니엘 씨_____ 회사_____ 가요. 일_____ 많아요.

2) 두엔 씨_____ 도서관_____ 지아 씨_____ 만나요.

3) 치약_____ 없어요. 편의점_____ 치약_____ 사요.

4) 백화점_____ 가요. 거기_____ 가방_____ 사요. 가방_____ 예뻐요.

5) 무함마드 씨_____ 아파요. 학교_____ 안 가요. 병원_____ 가요.

6) 오늘 친구_____ 우리 집_____ 와요. 친구하고 영화_____ 봐요.

2 다음과 같이 쓰세요.
按下面的方式写一写。

카페 커피 가다 마시다 맛있다 크다

카페가 커요.

카페에서 커피를 마셔요.

커피가 맛있어요.

1) 집 병원 가다 쉬다 아프다 좋다

2) 게임 친구 집 이야기하다 가다 쉽다 재미없다

3) 휴대폰 백화점 일하다 사다 있다 예쁘다

3 다음 빈칸에 알맞은 표현을 쓰세요.
在下面的空白处填上合适的表达方式。

> 웨이 씨　　　　 공항　　　 가요. 친구　　　　 오늘 한국　　　　 와요.
>
> 공항　　　 커요. 사람　　　 아주 많아요.
>
> 웨이 씨는 공항　　　 친구　　　 만나요.
>
> 친구하고 식당　　　 가요. 거기　　　 한국 음식　　　 먹어요.

써요 2

● 다음 그림을 보고 다니엘 씨의 하루를 소개하는 글을 쓰세요.
看下图，写一篇介绍丹尼尔的一天的短文。

1 그림을 보고 다음에 대해 생각해 보세요.
看图并对以下内容进行思考。

1) 다니엘 씨는 오늘 어디에 갔어요?

2) 거기에서 무엇을 했어요?

3) 다니엘 씨의 오늘 하루는 어땠어요?

2 생각한 것을 글로 쓰세요. 조사에 유의하며 쓰세요.
用文字写下思考的内容. 写短文时注意助词的使用。

_____

_____

_____

_____

_____

_____

조사를 정확하게 쓸 수 있어요?	☆ ☆ ☆ ☆ ☆

쓰기 12
담화 완성하기 ② 完成语篇 ②

부사를 정확하게 쓸 수 있다.

 써요 1

1 다음 표현의 의미를 생각해 보세요.
想一想下列表达方式的含义。

한국어를 잘하고 싶어요? **그러면** 선생님한테 질문하세요.

영화가 정말 재미있어요. **그런데** 오늘 점심 뭐 먹었어요?

2 빈칸에 알맞은 표현을 쓰세요.
在下面的空白处填上合适的表达方式。

그리고   그렇지만   그래서   그러면   그런데

1) 어제 집을 청소했어요. _____ 음식을 만들었어요.

2) 부모님이 보고 싶었어요. _____ 부모님한테 전화했어요.

3) 아파요? _____ 오늘은 집에서 쉬세요.

4) 내일은 수업이 없어요. _____ 친구하고 서울을 구경할 거예요.

5) 서울은 날씨가 좋아요. _____ 부산은 날씨가 안 좋아요.

6) 이거 매워요? _____ 저는 안 먹을래요.

7) 가방이 안 예뻐요. _____ 너무 작아요.

8) 웨이 씨, 컴퓨터가 정말 좋아요. _____ 이 컴퓨터 비싸요?

9) 오늘은 밤까지 일을 했어요. _____ 피곤해요.

10) 커피가 정말 맛있어요. _____ 지아 씨는 오늘 안 와요?

3 빈칸에 알맞은 문장을 쓰세요.
在下面的空白处填上合适的句子。

1) 힘들어요? 그러면 _____ .

2) 콘서트에 가고 싶어요. 그래서 _____ .

3) 시장은 싸요. 그렇지만 _____ .

4) 교실에 시계가 없어요. 그리고 _____.

5) 어제 꽃구경을 갔어요. 그런데 거기에서 _____.

 써요 2

1 다음 표현의 의미를 생각해 보세요.
想一想下列表达方式的含义。

> 오늘 10시에 일어났어요. 그래서 학교에 　늦게　 갔어요. 내일은 　일찍　 일어날 거예요.

> 저는 중국어를 　빨리　 말해요. 그렇지만 한국어는 　천천히　 말해요. 열심히 공부해서 한국어도 　빨리　 말하고 싶어요.

2 빈칸에 알맞은 표현을 쓰세요.
在下面的空白处填上合适的表达方式。

　조금　　　많이　　　일찍　　　늦게　　　빨리　　　천천히

1) 어제 친구하고 게임을 했어요. 그래서 _____ 잤어요.

2) 한국 음식은 _____ 매워요. 그렇지만 아주 맛있어요.

3) 오늘은 일이 많아요. 그래서 회사에 _____ 출근해요.

4) 웨이 씨는 한국 친구가 많아요. 저도 한국 친구를 _____ 사귀고 싶어요.

5) 눈이 많이 왔어요. 그래서 사람들이 _____ 다녀요.

6) 아침을 안 먹었어요. _____ 식당에 가고 싶어요.

7) 집에 책이 _____ 있어요. 그렇지만 저는 책을 안 읽고 텔레비전을 봐요.

8) 처음에는 한국어가 너무 어려웠어요. 그래서 _____ 힘들었어요.

9) 오늘 늦게 일어났어요. 그래서 _____ 씻고 학교에 왔어요.

10) 선생님! 모르겠어요. 조금 _____ 이야기해 주세요.

3 다음 빈칸에 알맞은 표현을 쓰세요.

在下面的空白处填上合适的表达方式。

> 어제는 정말 바쁘고 힘들었어요. 새벽 두 시에 잤어요.
>
> 그래서 오늘 아침에   일어났어요.
>
> 저는 아침도 안 먹고   학교에 갔어요.
>
> 그런데 학교에 사람들이   없었어요.
>
> 아, 오늘은 휴일이었어요.

 써요 3

● 다음 그림을 보고 빌궁 씨의 하루를 소개하는 글을 쓰세요.

看下图，写一篇介绍必勒格的一天的短文。

1 다음에 대해 생각해 보세요.

对以下内容进行思考

1) 빌궁 씨는 오늘 무엇을 했어요?

必勒格今天做了什么?

2) 빌궁 씨의 하루는 어땠어요?

必勒格的一天过得怎么样?

3) 문장을 어떻게 쓰고 연결할 거예요?

要怎样写短文，怎样连接起来?

2 생각한 것을 글로 쓰세요. 부사를 반드시 넣어서 쓰세요.

用文字写下思考的内容。写短文时务必使用适当的副词。

부사를 정확하게 쓸 수 있어요?	☆ ☆ ☆ ☆ ☆

정답

1과 자기소개

● 써요 1

1

1) 저는 카밀라예요.

2) 저는 왕웨이예요.

3) 저는 다니엘이에요.

2

1) 몽골 사람이에요. 몽골에서 왔어요.

2) 이집트 사람이에요. 이집트에서 왔어요.

3) 태국 사람이에요. 태국에서 왔어요.

4) 칠레 사람이에요. 칠레에서 왔어요.

5) 프랑스 사람이에요. 프랑스에서 왔어요.

6) 인도 사람이에요. 인도에서 왔어요.

3

1) 저는 의사예요.

2) 저는 회사원이에요.

3) 저는 경찰이에요.

4) 저는 요리사예요.

5) 저는 운동선수예요.

6) 저는 가수예요.

2과 일상생활 I

● 써요 1

1

1) 빵이에요.

2) 우유예요.

3) 옷이에요.

4) 커피예요.

5) 가방이에요.

6) 휴대폰이에요./핸드폰이에요.

2

1) 자요.

2) 읽어요.

3) 봐요.

4) 마셔요.

5) 들어요.

6) 살아요.

7) 운동해요.

8) 전화해요.

3

1) 빵을 먹어요.

2) 친구를 만나요.

3) 커피를 마셔요.

4) 한국어를 공부해요.

3과 일상생활 II

● 써요 1

1

1) 작아요.

2) 좋아요.

3) 있어요.

4) 바빠요.

5) 쉬워요.

6) 예뻐요.

7) 재미없어요.

8) 맛있어요.

2

1) 학교가 좋아요? 네, 학교가 좋아요.

2) 교실이 커요? 아니요, 교실이 작아요.

3) 한국어가 어려워요? 아니요, 한국어가 쉬워요.

4) 한국 친구가 있어요? 네, 한국 친구가 있어요.

3

1) 친구가 놀아요.

2) 마이클 씨가 자요.

3) 친구가 과자를 먹어요.

4) 미아 씨가 노래해요.

5) 친구가 커피를 마셔요.

6) 선생님이 멋있어요.

7) 지수 씨가 아파요.

8) 가방이 비싸요.

9) 옷이 예뻐요.

10) 책상이 커요.

4과 장소

● 써요 1

1

1) 회사에 가요.

2) 백화점에 가요.

3) 은행에 가요.

4) 편의점에 가요.

5) 영화관에 가요.

6) 카페에 가요.

7) 병원에 가요.

8) 화장실에 가요.

2

1) 집에서 쉬어요.

2) 카페에서 커피를 마셔요.

3) 공원에서 운동해요.

4) 영화관에서 영화를 봐요.

5) 백화점에서 옷을 사요.

6) 도서관에서 책을 읽어요.

5과 물건 사기

● 써요 1

1

1) 콜라를 사요.

2) 김밥을 사요.

3) 초콜릿을 사요.

4) 과자를 사요.

5) 휴지를 사요.

6) 치약을 사요.

7) 칫솔을 사요.

8) 샴푸를 사요.

2

1) 볼펜이 한 개 있어요.

2) 사탕이 일곱 개 있어요.

3) 커피가 네 잔 있어요.

4) 책이 여섯 권 있어요.

5) 고양이가 두 마리 있어요.

6) 친구가 다섯 명 있어요.

7) 콜라가 세 병 있어요.

8) 달걀이/계란이 여덟 개 있어요.

6과 하루 일과

● 써요 1

1

1) 아침 일곱 시에 일어나요.

2) 오전 여덟 시 삼십 분에 출근해요.

3) 낮 한 시에 점심을 먹어요.

4) 오후 다섯 시에 수업이 끝나요.

5) 저녁에 요리해요.

6) 아침에 공원에서 운동해요.

2

1) 지금 커피를 안 마셔요.

2) 도서관에서 책을 안 읽어요.

3) 다섯 시에 수업이 안 끝나요.

4) 여섯 시에 퇴근 안 해요.

5) 저 사람의 직업을 몰라요.
6) 초콜릿을 안 좋아해요.

7과 한국 생활

● 써요 1

1

1) 지난달에 한국에 왔어요.
2) 내일 친구하고 백화점에 가요.
3) 지난주에 많이 바빴어요.
4) 그저께 도서관에서 책을 읽었어요.
5) 어제 집에서 음악을 들었어요.
6) 이틀 후에 부모님을 만나요.
7) 지난달에 일이 많았어요.
8) 모레 영화관에서 영화를 봐요.
9) 어제 수업이 너무 어려웠어요.
10) 작년에 한국 생활이 조금 힘들었어요.

2

1) 토요일에 친구를 만나고 일요일에 집에서 쉬어요.
2) 보통 오전에 학교에서 한국어를 공부하고 오후에 회사에서 일해요.

3) 어제 공원에서 운동하고 친구하고 밥을 먹었어요.
4) 그저께 카페에서 커피를 마시고 도서관에서 책을 읽었어요.
5) 한국 생활이 재미있고 좋아요.
6) 한국어 공부가 너무 어렵고 한국 생활이 조금 힘들어요.
7) 학교가 크고 예뻐요.
8) 그 식당이 비싸고 맛없어요.

8과 음식

● 써요 1

1

1) 김밥을 먹을래요.
2) 비빔밥을 먹을래요.
3) 불고기를 먹을래요.
4) 갈비탕을 먹을래요.
5) 김치찌개를 먹을래요.
6) 된장찌개를 먹을래요.
7) 냉면을 먹을래요.
8) 떡볶이를 먹을래요.

2

1) 달아요.
2) 셔요.
3) 써요.
4) 매워요.
5) 싱거워요.

3

1) 한국어를 공부하세요.
2) 책을 읽으세요.
3) 음악을 들으세요.
4) 물을 드세요.
5) 삼계탕을 주세요.

9과 휴일

● 써요 1

1

1) 연휴가 17일부터 19일까지예요.
2) 휴가가 7일부터 10일까지예요.
3) 방학이 9월 25일부터 10월 3일까지예요.

2

1) 주말에 빨래할 거예요.
2) 주말에 콘서트에 갈 거예요.
3) 주말에 집에서 쉴 거예요.
4) 주말에 춤을 배울 거예요.

5) 주말에 사진을 찍을 거예요.

6) 주말에 책을 읽을 거예요.

7) 주말에 음악을 들을 거예요.

8) 주말에 친구하고 놀 거예요.

3

1) 오늘 친구를 만나고 싶어요.

2) 다음 주말에 여행을 가고 싶어요.

3) 휴일에 고향 음식을 먹고 싶어요.

4) 연휴에 집에서 쉬고 싶어요.

5) 방학에 고향에 가고 싶어요.

10과 날씨와 계절

● 써요 1

1

1) 오늘 흐리고 바람이 불어요.

2) 어제 맑고 따뜻했어요.

3) 작년 겨울에 눈이 오고 추웠어요.

2

1) 밥을 못 먹었어요.

2) 스키를 못 탔어요.

3) (잠을) 못 잤어요.

4) 옷을 못 샀어요.

5) 음악을 못 들었어요.

6) 못 일어났어요.

7) 운동을 못 했어요.

8) 수영을 못 했어요.

3

1) 따뜻해서 봄을 좋아해요.

2) 꽃이 피어서 봄을 좋아해요.

3) 바다를 좋아해서 여름을 좋아해요.

4) 휴가가 있어서 여름을 좋아해요.

5) 시원해서 가을을 좋아해요.

6) 단풍이 예뻐서 가을을 좋아해요.

7) 눈이 와서 겨울을 좋아해요.

11과 담화 완성하기 ①

● 써요 1

1

1) 가, 에, 이

2) 가, 에서, 를

3) 이, 에서, 을

4) 에, 에서, 을, 이

5) 가, 에, 에

6) 가, 에, 를

2

1) 집이 좋아요. 집에 가요. 집에서 쉬어요. 아파요. 병원에 가요.

2) 게임이 재미없어요. 게임이 쉬워요. 친구 집에 가요. 친구 집에서 이야기해요.

3) 백화점에서 일해요. 휴대폰이 있어요. 휴대폰을 사요. 휴대폰이 예뻐요.

3

가, 에, 가, 에

이, 이

에서, 를

에, 에서, 을

12과 담화 완성하기 ②

● 써요 1

2

1) 그리고

2) 그래서

3) 그러면

4) 그래서

5) 그렇지만

6) 그러면

7) 그리고

8) 그런데

9) 그래서

10) 그런데

3

1) 쉬세요.

2) 한국에 왔어요.

3) 백화점은 비싸요.

4) 티브이가 없어요.

5) 선생님을 만났어요.

● **써요2**

2

1) 늦게

2) 조금

3) 일찍

4) 많이

5) 천천히

6) 빨리

7) 많이

8) 많이

9) 빨리

10) 천천히

3

늦게, 빨리, 많이

어휘 찾아보기 (단원별)

어휘 찾아보기 (가나다순)

쓰기 12

그리고, 그렇지만, 그래서, 그러면, 그런데, 조금, 많이,
일찍, 늦게, 빨리, 천천히

어휘 찾아보기

MEMO

MEMO

고려대 재미있는 한국어 ① 中文版

쓰기 writing

초판 발행	2019년 8월 12일
2판 발행 1쇄	2021년 5월 20일
지은이	고려대학교 한국어센터
펴낸곳	고려대학교출판문화원
	www.kupress.com
	kupress@korea.ac.kr
	02841 서울특별시 성북구 안암로 145
	Tel 02-3290-4230, 4232
	Fax 02-923-6311
유통	한글파크
	www.sisabooks.com / hangeul
	book_korean@sisadream.com
	03017 서울시 종로구 자하문로 300 시사빌딩
	Tel 1588-1582
	Fax 0502-989-9592
일러스트	최주석, 황주리
편집디자인	한글파크
찍은곳	주식회사 레인보우 피앤피
ISBN	979-11-90205-00-9 (세트)
	979-11-90205-80-1 04710

값 12,000원

※ 잘못 만들어진 책은 바꿔 드립니다.